Minha incansável jornada para recuperar a visão perdida

ALÉM DO QUE OS OLHOS PODEM VER

IVO PAZIN

Labrador

© Ivo Pazin, 2024
Todos os direitos desta edição reservados à Editora Labrador.

Coordenação editorial PAMELA J. OLIVEIRA
Assistência editorial LETICIA OLIVEIRA, VANESSA NAGAYOSHI
Projeto gráfico e capa AMANDA CHAGAS
Diagramação ESTÚDIO DS
Preparação de texto RENATA SIQUEIRA CAMPOS
Revisão BIANCA MARIA MOREIRA
Consultoria de escrita DANIELA FOLLONI

Dados Internacionais de Catalogação na Publicação (CIP)
Jéssica de Oliveira Molinari - CRB-8/9852

PAZIN, IVO
    Além do que os olhos podem ver : minha incansável jornada para recuperar a visão perdida / Ivo Pazin.
    São Paulo : Labrador, 2024.
    80 p. : color.

    ISBN 978-65-5625-630-6

    1. Autoajuda 2. Pazin, Ivo – Autobiografia 3. Cegueira I. Título

24-2935   CDD 158.1

Índice para catálogo sistemático:
1. Autoajuda

Labrador

Diretor-geral DANIEL PINSKY
Rua Dr. José Elias, 520, sala 1
Alto da Lapa | 05083-030 | São Paulo | SP
contato@editoralabrador.com.br | (11) 3641-7446
editoralabrador.com.br

A reprodução de qualquer parte desta obra é ilegal e configura uma apropriação indevida dos direitos intelectuais e patrimoniais do autor. A editora não é responsável pelo conteúdo deste livro. O autor conhece os fatos narrados, pelos quais é responsável, assim como se responsabiliza pelos juízos emitidos.

A todos aqueles que convivem com qualquer tipo de problema de visão.

SUMÁRIO

PREFÁCIO 7

APRESENTAÇÃO 9

"DOUTOR, EU VOU FICAR CEGO?" 11

NO ESCURO 17

O PRIMEIRO TESTE DE RESILIÊNCIA 21

MEDO DE ABRIR OS OLHOS 29

EM BUSCA DE UMA VIDA O MAIS
NORMAL POSSÍVEL 37

O TRANSPLANTE DE CÓRNEA 47

SEM EXPLICAÇÃO 53

A SAGA DA PRESSÃO NOS OLHOS 57

"VOCÊ TEM FORÇAS PARA MAIS
UM TRANSPLANTE?" 65

O ÚLTIMO TRANSPLANTE
E A RECUPERAÇÃO 71

AGRADECIMENTOS 77

PREFÁCIO

Uma história que merece ser contada. Com muita alegria, recebi a notícia da publicação da história da vida do meu amigo Ivo. Ela é encantadora, pois ele soube superar as adversidades, a angústia, as expectativas de vários procedimentos cirúrgicos em seus olhos e as limitações visuais hoje existentes. Superou tudo com brilhantismo.

O que acontece quando uma pessoa é confrontada com a deficiência visual? Como ela lida com a dor física e emocional? As respostas para essas perguntas serão encontradas nesta publicação, oferecendo uma versão rica de heroísmo.

Este livro mergulha num território pouco explorado, desvendando as camadas ocultas da jornada heroica e explorando as complexidades da condição humana. Com a história do Ivo, descobri que a verdadeira força de um herói não reside apenas na habilidade de superar condições adversas, mas também em sua capacidade de enfrentar as próprias vulnerabilidades e encontrar significado em meio às limitações visuais.

A vida de Ivo é um testemunho do poder da resiliência humana e da capacidade de encontrar beleza na vida. Sempre corajoso, feliz e otimista, nas consultas médicas trazia para mim várias reflexões e muitas lições sobre a vida.

Ao compartilhar sua história, Ivo nos convida a refletir sobre nossas batalhas e a encontrar esperança mesmo nos momentos sombrios. Ele faz um lembrete de que, apesar das cicatrizes que carregamos, somos capazes de nos reinventar, de nos tornar mais fortes e seres humanos melhores. Ao ler estas páginas, convido você a não apenas admirar as façanhas deste herói, mas também a refletir sobre sua própria jornada.

Este livro é um farol de esperança em tempos difíceis. Certamente irá colaborar nos desafios da vida, nos ensinando a enfrentá-los com coragem, otimismo, alegria e determinação. Boa leitura!

Prof. Dr. Paulo Augusto de Arruda Mello
Professor titular de Oftalmologia da Escola Paulista de Medicina/Universidade Federal de São Paulo

APRESENTAÇÃO

A cegueira é uma condição que remonta à Pré-História. Na Bíblia, encontramos relatos de Jesus curando vários cegos, evidenciando eventos datados aproximadamente do século I. Indo ainda mais longe, no Velho Testamento, no livro de Deuteronômio, capítulo 27, Moisés registra as leis divinas, afirmando entre elas: "malditos aqueles que indicam o caminho errado para o cego", há cerca de 4 mil anos. Isso prova que a cegueira é uma condição que persiste ao longo dos tempos.

A intenção não é de que este livro seja uma biografia, nem de despertar curiosidade para buscar notoriedade. Escrevo estas páginas para compartilhar o testemunho de alguém que tinha visão plena e quase perdeu a capacidade visual para o resto da vida. Tudo começou com um carro, um poste, uma parede e um jovem de dezoito anos no meio de tudo isso. O que me salvou nessa situação é o que desejo compartilhar. E, se meu testemunho trouxer alívio, esperança e informações úteis para quem passa por situações parecidas, sentirei que mais uma etapa de minha missão está sendo cumprida.

Boa leitura!

Ivo Pazin
Março de 2024

"DOUTOR, EU VOU FICAR CEGO?"

Uma batida. Um clarão. E tudo ficou avermelhado, alaranjado. Meu coração martelava dentro do peito. "Menino, menino! O que aconteceu? O que aconteceu?", perguntou, desesperado, um homem que veio me socorrer. Com as mãos tremendo, ele me deu uma toalha para enxugar o sangue que vertia do meu rosto e me tirou do banco do motorista do Chevette que, depois de deslizar na rua de paralelepípedo naquele dia de chuva, ficou encaixado entre um poste e o muro de sua casa. O homem me levou na mesma hora para o pronto-socorro de São Vicente, cidade do litoral paulista onde eu estava passando o fim de semana prolongado com amigos.

Última imagem que ficou da minha visão genuína: um clarão e três gotas de sangue escorrendo.

Era domingo, por volta das cinco da tarde do dia 23 de abril de 1978. Eu tinha dezoito anos. Dia 21, sexta-feira, havia sido feriado (Dia de Tiradentes), então alguns amigos do trabalho alugaram um apartamento em São Vicente e me convidaram para passar o fim de semana lá. "Se quiser pintar lá, pode dar uma passada e ficar com a gente." Então, no domingo, resolvi pegar o carro para me despedir de umas amigas que moravam perto e foi quando aconteceu.

No trajeto tumultuado até o pronto-socorro, a toalha que enxugava meu rosto já estava ensopada e vermelha. E eu não enxergava nada; meu mundo se tornou um borrão escuro. Chegando ao pronto-socorro, não havia especialista para me atender e cada segundo parecia uma eternidade. Então, eles enfaixaram a minha cabeça e me colocaram em uma ambulância rumo à Santa Casa de Santos. "Emergência, emergência, emergência!", gritou o motorista assim que estacionou o veículo com a sirene ligada na frente do hospital. "Chegou um menino com a cara estourada", informou para a médica plantonista.

O atendimento foi muito rápido. Tiraram-me da ambulância e, apesar de atordoado pelo acidente, eu estava acordado e lúcido. Pulei para a maca, ajudando os enfermeiros, que imaginavam que eu estava desmaiado. Eu continuava com a toalha no rosto e não tinha ideia da gravidade dos ferimentos, mas, mesmo sem enxergar, percebi que tinha virado o centro das atenções no hospital. Tiraram minha roupa na mesma hora e me vestiram com um avental de centro cirúrgico. Minha camiseta estava encharcada de sangue. Eu pensava na minha família e nos meus amigos, estava apavorado e não parava de perguntar para as enfermeiras o que iria acontecer. "Calma, menino!", elas respondiam. A médica plantonista, Dra. Juracy, acendeu uma lanterna na direção dos meus olhos para verificar se eu estava enxergando. No olho direito, percebi uma pequena luz. No esquerdo, a luz estava bem clara, tanto no centro como na periferia. Ela, então, comunicou que eu precisava ser atendido por um oftalmologista que pudesse dar um diagnóstico mais preciso. Isso me deixou muito preocupado, pois até aquele momento eu não sabia nada do que tinha acontecido com os meus olhos; não sentia dor, em razão da adrenalina, e achei que não conseguia enxergar por causa do sangue que havia escorrido nos olhos.

Fui encaminhado para o centro cirúrgico, onde deveria aguardar o Dr. Dylço Pereira da Costa, que estava em casa quando recebeu o telefonema sobre um caso urgente que só ele poderia resolver. "Você me tirou de casa, eu estava vendo o jogo do Santos", ele disse quando chegou. O anestesista perguntou se eu havia comido alguma coisa. Contei que tomara apenas uma caipirinha na praia por volta do meio-dia. Então, ele me disse que eu sentiria uma picadinha no braço e tudo o que eu tinha de fazer era contar até dez.

Comecei a contagem. Depois do número cinco, não me recordo de mais nada.

Acordei depois da anestesia com um tampão nos dois olhos e um barulho de grampeador. Ao perguntar o que era aquele som, o médico me respondeu:

"Estou dando ponto nos diversos cortes que você fez na testa."

"Quantos pontos, doutor?"

"Olha, eu contei até o oitenta. Agora já perdi a conta."

Tive um corte na testa e outro no nariz. Fui operado por dois médicos: o Dr. Dylço operou os meus olhos e o Dr. José Carlos operou o meu rosto. O maior problema foi nos olhos. Minha córnea ficou toda picadinha. "Quando eu vi o seu olho, achei que parecia uma flor", disse o Dr. Dylço quando me encontrou pela primeira vez. Essa frase me marcou muito. No acidente, o volante de madeira do Chevette partiu ao meio e meu rosto bateu no vidro dianteiro do carro, que se estilhaçou. Eu não estava em alta velocidade, mas uma conjunção de fatores tornou a coisa séria: eu era jovem, um motorista inexperiente, e aquela era uma época em que não se usava cinto de segurança e os vidros dos carros não tinham película protetora. Além disso, eu nunca imaginaria que aquele volante de madeira, que estava na moda, pudesse quebrar.

A incerteza sobre o que viria a seguir me consumia por dentro. Ainda assim, garanto que sou um cara de sorte, porque, diante das chances de meu olho ser recuperado, outro médico poderia ter tomado a decisão de remover o globo ocular e eu já sairia cego da mesa de cirurgia. Ele costurou a parte branca do olho e a córnea; quarenta anos depois, eu ainda conseguia ver as cicatrizes. Minha íris foi removida e meus olhos, que eram azuis, passaram a ser pretos. O Dr. Dylço, sem perder as esperanças, preferiu reconstruir as estruturas dos meus dois olhos, imaginando que, no futuro, haveria alguma solução da medicina para aquilo. Na minha concepção, foi o coração desse médico que o instruiu.

O que era para ser um fim de semana de diversão com amigos, se transformou em um marco inesperado e assustador em minha vida. Enquanto eu aguardava os procedimentos, a pergunta que não saía da minha mente e que eu tinha medo demais para perguntar era só uma: "Doutor, eu vou ficar cego?"

NO ESCURO

Depois do acidente, meu amigo carioca, Guilherme, que viajou para Santos comigo, passou o dia inteiro no hospital, aguardando notícias. Ele só voltou para São Paulo tarde da noite, para avisar minha mãe sobre o que tinha acontecido. O horário de visitas era restrito das três às cinco da tarde, então a minha primeira visita só foi acontecer no dia seguinte. "Filho, é a mãe." Ouvir a voz dela pela primeira vez depois de tudo o que havia ocorrido me trouxe um alívio imenso. Ela ia me visitar todos os dias.

A primeira semana foi bem desafiadora. Eu não abria os olhos e não podia mexer a cabeça, já que estava tudo costurado. A recomendação era que eu me movimentasse o mínimo possível para não correr o risco de algum ponto estourar. Até banho tive que tomar deitado!

Permaneci um mês internado na Santa Casa de Santos e me tornei um paciente conhecido, haja vista o grande número de pessoas que foram me ver. Meus amigos iam me visitar constantemente, os médicos e as enfermeiras também, e até estudantes de medicina, por causa da raridade do meu caso. "Como você é querido, tanta gente viaja só para te visitar!", diziam os funcionários do hospital. O horário de visita era curto, mas, como meus amigos e familiares vinham de São Paulo, o diretor abriu uma exceção para que não perdessem, literalmente, a viagem: era só mostrar o comprovante de pedágio que os seguranças deixavam entrar no quarto. Foram me visitar os meus amigos Marcão (dentista), Osni, Avelino, Milton, Sérgio (médico), entre outros. Sou muito grato a todos eles por esse gesto de carinho.

Fiz amizade com os médicos, enfermeiras e demais funcionários do hospital; eu ficava conversando com eles o tempo todo. Eles me levavam para uma salinha e nós ficávamos sentados falando sobre uma infinidade de assuntos. Isso acontecia geralmente de madrugada e, como as enfermeiras que ficavam de plantão tinham bastante tempo ocioso, eu troquei o dia pela noite.

Minha rotina nesse período era movimentada pela visita das pessoas que gostavam de mim e estavam preocupadas com minha saúde, mas os momentos em que passava sozinho eram de uma angústia palpável. Eu ficava ouvindo o som incessante de sirenes o dia inteiro e me perguntando se existia alguém ali na mesma situação que eu. A janela do meu quarto dava de frente para o estádio Ulrico Mursa, da Portuguesa Santista, e eu gostava de escutar o som da torcida durante os dias de jogo. Eu era capaz de perceber, só pelo barulho, quando a torcida estava lamentando ou quando estava comemorando, e conseguia adivinhar até o placar dos jogos dessa forma (as pessoas liam para mim no jornal *A Tribuna*, de Santos, nos dias seguintes ao jogo). O contraste entre os sons da torcida e das sirenes era impactante, criando uma atmosfera de dualidade que refletia a batalha entre esperança e tristeza que eu enfrentava diariamente.

De hora em hora, alguma enfermeira entrava no meu quarto para pingar colírios, passar pomada nos meus olhos e aplicar injeções. No total, foram 79 injeções nas nádegas! Como não tinha nada para fazer, contei uma por uma. O médico deu a notícia sobre a minha visão para minha mãe. Eu havia perdido a visão do olho direito e tinha 5% de chance de recuperar a do olho esquerdo.

Certo dia, enquanto a enfermeira passava a pomada no meu olho esquerdo, enxerguei uma cor. Eu disse a ela: "A pomada é de cor amarela com o bico prateado". Ela, admirada, respondeu: "Você está vendo a pomada? Vou já falar para o médico". Esse momento foi de alegria no hospital; até as funcionárias da limpeza correram até o meu quarto. "Não é possível, você está vendo mesmo!?" A verdade era que ninguém tinha esperança de que algum tratamento daria certo. Mas o fato de eu conseguir ver a pomada acendeu um fio de esperança, um fio de luz na minha situação até então sombria.

Naquele mesmo dia, à noite, outro médico apareceu no meu quarto, o Dr. José Carlos, que estava me acompanhando no pós-operatório. Contei a ele que tinha visto a cor da pomada e essa foi a primeira vez que tive coragem de perguntar: "Doutor, eu vou ficar cego?". Ele me respondeu com franqueza: "Ivo, tem jeito de melhorar, só que você vai precisar ter muita paciência na vida". Era tudo o que eu precisava ouvir. No mesmo momento, pensei: *Se é para ter paciência, a partir de agora nasce a pessoa mais paciente do mundo. Vou fazer os 5% de chance virarem pelo menos 90%.* Parecia o livro do Marcelo Rubens Paiva, *Feliz ano velho*.

O tempo foi passando e as visitas foram minguando, fazendo com que eu me conscientizasse de que teria que enfrentar o monstro do meu problema olhos nos olhos e sem a opção de derrota; só poderia ter em mente a vitória. Após a conversa com o Dr. José Carlos, apareceu no quarto o cirurgião que me operou, Dr. Dylço, me dizendo: "Ivo, nós não temos mais nada para fazer no seu caso aqui na Santa Casa, você terá que procurar o Dr. Suzuki, oftalmologista especializado em descolamento de retina, visto que, no acidente, a retina do seu olho esquerdo foi descolada".

Eu me despedi de todos os médicos e enfermeiros daquele hospital, com um forte abraço de agradecimento pelo tratamento e por terem me recebido com muita atenção e carinho, mas também aliviado por voltar para casa. Então, rumei para São Paulo, determinado a enfrentar o desafio que estava por vir.

O PRIMEIRO TESTE DE RESILIÊNCIA

Maio de 1978, São Paulo. Meu tio Olívio, com meu pai, minha mãe e minha irmã mais nova, foi me buscar no hospital, dirigindo seu Fusca zero quilômetro. Naquele momento, nada de visão.

Quando enfim cheguei em casa, percebi que teria que reaprender a viver praticamente do zero. Não tinha mais as enfermeiras para me ajudar, então eu dependia da minha família para quase tudo. Os primeiros dias foram especialmente difíceis. A sensação de impotência me envolvia. Eu já não podia reconhecer a minha casa de forma simples, então tentava reconhecer os cheiros, tocar nos objetos e móveis para me sentir naquele ambiente familiar. Eu desejava manter algum senso de independência, então andava tateando pela casa, sentindo a textura dos corredores sob meus dedos, cada passo incerto. Não quero passar a impressão de que meu estado mental era lúgubre, como o dos cegos do romance de Saramago. Eu estava, acima de tudo, determinado a voltar a enxergar, me recusava a deixar que a escuridão me consumisse. Queria mais do que tudo retornar para a familiaridade das cores e formas ao meu redor.

Depois de voltar para São Paulo, pensava que iríamos falar direto com o Dr. Suzuki a respeito da retina, mas fui informado que meu pai tentara, por uma semana, falar com o Dr. Suzuki no Hospital das Clínicas, o HC, e a tentativa foi infrutífera. Foi o meu tio que resolveu a situação. Ele disse: "Vamos procurar esse médico em seu consultório" e, naquele momento, pegou a lista telefônica procurando o nome Suzuki. Havia várias pessoas com esse sobrenome, mas, entre eles, um estava escrito "MED". Meu tio arriscou e naquele momento entrou em contato; já eram sete horas da noite. O próprio médico atendeu.

"Dr. Suzuki, médico oftalmologista? Eu estou com um menino aqui que sofreu um acidente, veio de Santos para São Paulo. O senhor está aí? Sei que já está tarde."

"Tudo bem, eu posso atender ele ainda hoje", respondeu o doutor.

Estávamos na zona norte e seu consultório se encontrava na avenida República do Líbano, zona sul, do outro lado de São Paulo. Chegando ao consultório, apresentamos o problema, e fizeram diversos testes com luzes coloridas, das quais eu tinha que identificar a cor.

"Você está vendo a luz? Está vendo a cor?", perguntou o Dr. Suzuki.

"No olho direito, eu percebo uma luz fraca, no esquerdo vejo a luz mais forte e identifico as cores", eu respondi.

"O problema é cirúrgico, de descolamento de retina no OE (olho esquerdo), e o OD (olho direito), não iremos mexer, pois o caso de prioridade seria o esquerdo."

O médico me perguntou se o tratamento seria particular ou pelo Inamps (Instituto Nacional de Assistência Médica da Previdência Social). Meu pai, policial militar e pai de três filhos, não tinha condições de financiar o tratamento. Foi então que o Dr. Suzuki fez uma carta de apresentação para que eu pudesse me cadastrar no HC, onde eu poderia receber o tratamento de que tanto precisava. Até aquele momento, eu não tinha nada de visão.

Fizemos o cadastro e iniciamos o tratamento no HC. Como é um hospital-escola, fui apresentado a diversos alunos e todos se surpreenderam com meu caso, visto que, geralmente, em um acidente de carro, dificilmente são atingidas as duas vistas. Após toda a terapia clínica, a cirurgia foi marcada para dia 21 de julho de 1978. Fiquei esperançoso, pois sabia que a cirurgia poderia abrir meu campo de visão.

A retina é como se fosse o filme das máquinas fotográficas antigas, onde é projetada a imagem. O filme do olho é a nossa retina. Ela é colada na parte de trás do olho e o nervo óptico leva a imagem ao cérebro. Como a minha retina não estava colada, não transmitia a imagem. A cirurgia utiliza uma técnica que insere uma espécie de "bexiga", que amplia o volume do olho e a retina cola novamente.

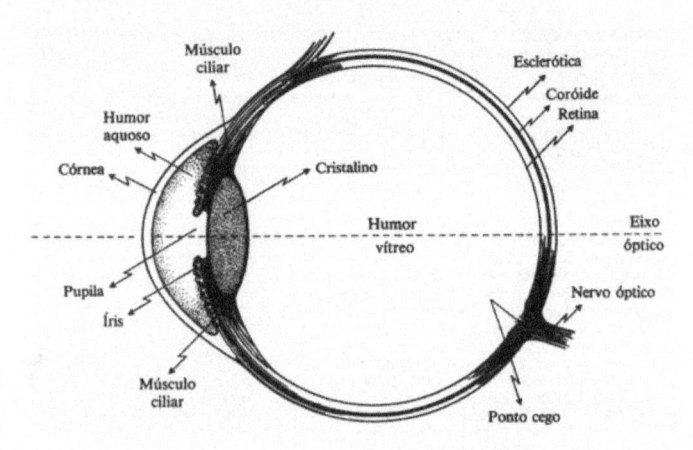

Diagrama do olho humano com as seguintes legendas: Músculo ciliar, Esclerótica, Coróide, Retina, Humor aquoso, Córnea, Cristalino, Humor vítreo, Eixo óptico, Pupila, Íris, Músculo ciliar, Nervo óptico, Ponto cego.

Resiliência, segundo o dicionário, é "a propriedade que alguns corpos apresentam de retornar à forma original após terem sido submetidos a uma deformação", ou "a capacidade de se adaptar à má sorte ou às mudanças".

◉

Preparamos tudo para a cirurgia: roupa, pijama, escova e pasta de dente, pois eu ficaria cinco dias internado. Ocorre que, no dia e hora marcados, comparecemos ao HC e nos deparamos com uma grande surpresa. Naquele dia, todos os funcionários entraram em greve, pedindo reajuste de salário. Eu, com a cirurgia marcada, imaginei que o centro cirúrgico iria funcionar e que somente o atendimento no ambulatório estaria suspenso por causa da greve.

"Volte para casa, acompanhe nos jornais e, quando a greve acabar, você retorna para nós agendarmos a data da cirurgia", informou uma enfermeira.

Voltamos para casa. A greve durou quinze dias e nós acompanhamos atentamente por rádio e televisão. A ansiedade tomava conta de mim. Quando a greve terminou, corremos para o hospital. Eu estava confiante de que a cirurgia aconteceria oportunamente, pois já estava com todos os preparativos prontos para tal.

Outra surpresa: fui informado que outras cirurgias haviam passado na minha frente e adiaram a minha em quinze dias, para meados de agosto de 1978. Foram mais duas semanas de angústia e ansiedade. Até ali, nada de visão. Naquele momento, eu tive a impressão de que Deus, ou o universo, estavam testando quão verdadeira era a minha promessa de ser o homem mais paciente do mundo. Eu era o mais paciente, o mais azarado e seria o mais resiliente.

Quando finalmente chegou o dia, o procedimento foi marcado para às seis horas da manhã. Colocaram-me na maca em direção ao centro cirúrgico, aplicaram um pré-anestésico, e fui taxiando nos corredores do hospital. De repente, uma enfermeira colocou uma ficha no meu peito e disse em voz alta: "Esse menino é cirurgia de catarata". Como eu estava ainda consciente, alertei a enfermeira: "Não é catarata não, e sim descolamento de retina com o Dr. Suzuki". Ela se espantou porque eu estava no centro cirúrgico errado, e o Dr. Suzuki operava em outro lugar.

"Ah, meu Deus! Está escrito catarata aqui!"

Levaram-me até o lugar certo e finalmente fui submetido à cirurgia. O procedimento ocorreu sem problemas, e eu me vi retornando para o ambulatório, com um misto de medo e expectativa pelo futuro que se desenrolava diante de mim. O acidente ocorreu em abril e até então eu já estava há três meses e vinte dias sem enxergar.

3 meses e 20 dias
no escuro!

MEDO DE ABRIR OS OLHOS

Três dias após a cirurgia, comecei a perceber vultos, o que representou uma melhora considerável na minha visão. No entanto, após quase quatro meses sem enxergar absolutamente nada, e mantendo o olho fechado por medo do que estava por vir, evitei qualquer tipo de comunicação sobre meus pensamentos. Para mim, permanecer na incerteza era preferível a receber más notícias. Sentia-me como se estivesse na famosa "caverna de Platão"[1], relutando em enfrentar a realidade.

Antes da cirurgia, eu estava bem informado sobre o resultado que o procedimento traria em curto prazo, mesmo assim, tinha uma esperança quase lúdica de que pudesse ser muito melhor do que foi.

---

1 O mito da caverna de Platão relata a saída de um prisioneiro de uma caverna, preso na ignorância, que contempla a luz do exterior e a verdade que não conhecia. Esse processo de libertação não é uma tarefa fácil neste mundo sensível em que vivemos, cheio de aparências, vaidades e preconceitos.

Eu tinha receio de nunca mais chegar nem perto de ter uma visão parecida com a de antes do acidente. Pensar nessa possibilidade fazia meu coração palpitar. O simples ato de abrir os olhos parecia uma decisão monumental, repleta de incertezas e expectativas.

Voltando para casa, iniciei o tratamento com os colírios e semanalmente ia até o HC para me consultar com o especialista. A visão foi melhorando e, depois de sessenta dias, o Dr. Suzuki me repreendeu: "Se você não abrir o olho, você nunca vai enxergar."

À noite, eu abria o olho, mas não falei nada para ele, não sei por quê. Eu tinha muito problema com a claridade, e, à noite, sem falar para ninguém, eu ficava com os olhos abertos. De dia, fui tomando coragem de abrir os olhos por breves momentos, permitindo que minha visão se adaptasse lentamente à luz. Cada dia era um desafio, mas também uma oportunidade de redescobrir o mundo ao meu redor. Cada movimento era uma vitória sobre o medo e a incerteza, e cada progresso trazia uma sensação renovada de esperança.

Após a cirurgia de descolamento da retina, comecei a me conscientizar sobre o que era ser um deficiente visual. A ficha começou a cair na segunda metade do ano de 1978 até o final de 1979. Eu demorei muito tempo para me sentir confiante. É apavorante andar sem o domínio da situação.

As visitas que recebi foram fonte de apoio e motivação, alimentando minha esperança de que tudo voltaria ao normal. Estudava no Colégio Estadual

Casemiro de Abreu, o Ceca, localizado na zona norte de São Paulo. Em um determinado dia, toda a minha turma decidiu fazer uma visita à minha casa. Eram cerca de quarenta alunos e, como morávamos em uma casa simples e pequena, não cabendo todos, foi feita uma fila que saía da sala até a rua, o gesto foi especialmente tocante e emocionante para mim. Após o acidente, por ser uma pessoa sociável e gostar de conversar, recebi diversos contatos de amigos, mas as visitas eram esporádicas. Por isso, a lembrança desse dia específico é tão marcante para mim, pois demonstrou o carinho e a solidariedade dos meus colegas de forma muito especial.

Um dia, a dona Carmem, mãe da minha amiga Bel, foi até minha casa me buscar para eu participar da festa de seu aniversário. Outro dia, dona Nilsa, mãe do meu amigo Osni, passou em casa para me levar a um passeio.

"Para onde você quer ir, Ivo?"

"Não sei, dona Nilsa, me leva na escola onde eu estudei", estava com muitas saudades da história que construí naquele colégio.

Serei imensamente grato a todas as pessoas que me ajudaram e foram solidárias comigo depois do acidente. Sem elas, eu não teria força para continuar lutando. Foram os momentos de calor humano que iluminaram os meus dias mais sombrios.

Antes do acidente, eu estava cursando o terceiro ano do ensino médio no período noturno, pois trabalhava durante o dia, como muitos faziam naquela época. Eu tinha um cargo público, era escriturário. Após o ocorrido, tirei uma licença temporária do trabalho, mas ainda estava determinado a continuar meus estudos. Foi então que, em 1979, conversei com a Beatriz, diretora do Ceca, e ela sugeriu que eu estudasse no período da manhã, já que ainda não estava totalmente adaptado ao período noturno. Segui seu conselho e concluí o terceiro ano do ensino médio naquele ano, já pensando em me preparar para o vestibular e para a faculdade no futuro.

Nesse período, eu tinha uma visão reduzida de 30% no olho esquerdo, o que significava que minha visão estava abaixo do normal. No olho direito, só conseguia distinguir vultos, e os médicos me alertaram que, como ele não estava funcionando, eventualmente iria atrofiar. O Dr. Kikuta, oftalmologista, explicou: "Ivo, a maior parte da nossa interação com o mundo, cerca de 90%, depende da visão". Por exemplo, ao acordar e abrir os olhos, já estamos utilizando a visão; ao pegar a pasta de dente e a escova, estamos usando a visão; ao escolher a roupa para o trabalho, estamos usando a visão; e assim por diante. Restavam apenas 10% para um deficiente visual lidar com essas situações e transformá-las em pelo menos 50%, enfrentando as adversidades da vida. Então, eu tinha uma visão completa, perdi 70% dela e, com o auxílio de um óculos, poderia chegar a no máximo 50%. Por causa disso, evitava sair de casa à noite. Para me ajudar a enfrentar os desafios da vida com a deficiência visual, tive a ideia de arrumar um cachorro.

    Sempre tive um carinho especial por cães como companheiros, e esse em particular foi mais do que isso; ele foi meu guia numa época em que cães-guia para deficientes visuais ainda não era comum. O cachorro pertencia a um médico, amigo meu, que iria se mudar para a Europa e não podia levá-lo, então ele o deixou comigo. Seu nome era Pop e ele era da raça rough collie. Naquela época, não existia isso de cães treinados para guiar pessoas com deficiência visual no Brasil, então, eu mesmo acostumei o Pop a me ajudar. Todos os dias, sob o pretexto de levar o cachorro para dar uma volta e relaxar, o que fazíamos à noite, eu mapeava e escaneava meticulosamente cada ponto do quarteirão. Foi então que percebi até mesmo nuances especiais de reflexos de luz nos meus olhos. Na primeira semana, dei apenas uma volta no quarteirão para nos adaptarmos à baixa luminosidade. Na semana seguinte, aumentei para dois quarteirões e gradualmente fui ampliando a distância percorrida, acostumando-me com a escuridão noturna. Com o tempo, cheguei a caminhar cinco quilômetros, explorando as ruas da Vila Guilherme. Juntos, eu e Pop enfrentávamos o desconhecido.

A história do cão-guia começou na Primeira Guerra Mundial, devido ao fato de que muitos soldados alemães ficaram cegos após as batalhas. O médico alemão Dr. Stalling, que também tinha deficiência visual e costumeiramente andava com seus cães pelas ruas, percebeu que os sentidos dos cães o orientavam a caminhar. Observando isso, ele implantou aos soldados os cães-guia, que depois originou a primeira escola de cães-guia do mundo.

Um dia, decidi visitar um asilo para pessoas cegas localizado na avenida Santa Cruz, na Vila Mariana, a fim de entender melhor os desafios enfrentados por aqueles com problemas de visão. Estava um pouco apreensivo, pois imaginava que os deficientes visuais seriam pessoas com baixa autoestima e tristeza. No entanto, para minha surpresa, ao chegar lá encontrei doze cegos envolvidos em diversas atividades, como montagem de *kits* com parafusos e porcas para venda em supermercados, entre outras tarefas. A maior surpresa veio quando os vi conversando alegremente e até mesmo cantando. Eles me receberam com tanta atenção que, durante a conversa, quase nem percebi que eles tinham alguma deficiência; eram pessoas comuns, exceto pela ausência de visão.

Numa conversa com o Dr. Paulo Augusto, expressei minha opinião de que "o ser humano não é inteligente, mas sim adaptativo". Ele me encarou por um momento e respondeu prontamente:

"Para ser adaptativo, é preciso ser inteligente."

A princípio, receitaram-me óculos de 13 graus. Naquela época, não existiam as lentes iguais às que existem atualmente e os óculos eram um fundo de garrafa para quem via.

"Ivo, você vai precisar usar óculos, agora que o descolamento da retina mudou toda a estrutura do olho. O seu olho era redondinho, bonitinho, hoje ele ficou amassado; não é mais aquela bolinha certinha e redondinha", disse Dr. Susuki. Além da íris, que dá cor aos olhos, eu perdi também o cristalino, que abre e fecha para ser possível enxergar de perto ou de longe, funcionando como a lente objetiva de uma máquina fotográfica.

Inicialmente, não gostei nem um pouco de usar óculos. Eles eram muito pesados e não favoreciam minha aparência. Antes, eu tinha uma visão excelente e os olhos azuis; depois, passei a ter visão péssima e a autoestima mais baixa. Sempre que me sentia triste, eu pensava que por muito pouco não fiquei completamente cego, e então lembrava de um ditado que minha mãe, Nair, dizia: "Quando tiver vontade de reclamar, ache um motivo para agradecer".

Uma das visitas que recebi na época foi a do meu amigo Fernando Bacurau, que me contou que usava lentes de contato. Para mim, era algo completamente novo, já que nunca havia enfrentado problemas de visão e nem sabia que meu amigo tinha dificuldades para enxergar. Decidi então realizar diversas pesquisas e acabei no centro óptico do HC, onde testei várias lentes, mas nenhuma se adaptava em razão das múltiplas suturas em minha córnea. A lente não se encaixava perfeitamente no olho.

Após recomendações, procurei a empresa Solótica, especializada em lentes de contato. Após diversos testes, eles fabricaram várias lentes para mim, e por vários anos usei lentes gelatinosas. No entanto, por complicações com essa opção, fui encaminhado a um técnico, o senhor Pinheiro, que criou uma lente específica para mim. Essa lente, rígida e no formato de um olho artificial, continha a prescrição de que eu necessitava, sendo chamada de lente escleral.

A adaptação foi desafiadora, considerando o tamanho da lente, mas sua eficácia acabou por ser um verdadeiro divisor de águas em minha vida. Alcancei 80% de visão, o que foi mais do que uma conquista física; representou a restauração de uma parte essencial da minha identidade e independência. Essa mudança não só melhorou minha visão, mas também revitalizou minha confiança e esperança no futuro. Agora, com uma visão mais nítida, estava ansioso para explorar novas oportunidades e desafios, com um novo sentido de propósito e determinação. Um novo horizonte se abria diante de mim.

EM BUSCA DE UMA VIDA O MAIS NORMAL POSSÍVEL

Enfrentar a deficiência visual é uma grande batalha para mim, mas eu nunca permiti que ela se tornasse um empecilho para alcançar meus objetivos. Meu pai fez até a quarta série para passar na Guarda Civil. Minha mãe é do interior, do campo, e com apenas o segundo ano escolar, sempre me ensinou que "cobra que não rasteja, não come sapo". Essa mentalidade de determinação e perseverança ficou gravada em mim desde cedo.

"Filho, se você não correr atrás, as oportunidades não virão até você", ela me dizia. Seguindo esse conselho, eu corri atrás, lutei com afinco e consegui passar no vestibular, ingressando na FIG (Faculdades Integradas de Guarulhos, hoje chamada de UnG) no curso de direito, com muito esforço e dedicação.

Nessa época, comecei a entender, me conscientizar e até sonhar como deficiente visual, pois de início, até nos sonhos eu tinha uma visão normal. No primeiro ano da faculdade, em 1981, percebi que dirigir um carro seria um desafio pelo fato de só ter visão decente em um dos olhos e pela necessidade de usar lentes corretivas. Eu me sentava na primeira fila para conseguir ver a lousa claramente, algo diferente do que fazia na escola, onde era da turma da bagunça e sempre me sentava no fundão. Por sorte, um colega, chamado Gentil Sá, se sentou ao meu lado e passou a me dar carona de volta para casa.

Para minha surpresa, ele também só tinha a visão de um olho e me informou que era possível obter a Carteira Nacional de Habilitação (CNH) mesmo com essa condição física. A única diferença era que, na época, as pessoas renovavam a carteira a cada dez anos, enquanto os deficientes visuais precisavam renová-la a cada dois anos. Com essa informação, eu fiz o exame médico para tirar a CNH, fui aprovado e depois consegui obter minha carteira de habilitação com sucesso.

Quero mostrar para o deficiente visual que é difícil, mas não é impossível. Veja meu caso: eu me formei na faculdade, casei, tive filhos, trabalho. A deficiência não vai impedir que tudo isso seja realizado, mas é preciso ter apoio e um pouco de boa vontade.

Com a CNH em mãos, ganhei coragem e comprei um Fusca marrom, ano 1972. Todos os dias, sozinho, dava uma volta para praticar, apesar do desconforto de dirigir com a visão de um único olho, utilizando todos os retrovisores do carro. Embora dirigir à noite fosse um desafio pela minha visão limitada, Deus me encorajava. Eu não contava a ninguém que tinha medo de dirigir. Em uma ocasião, junto com meu amigo Fernando (apelidado de Fritão), conhecemos algumas garotas que nos convidaram para uma festa à noite. Como ainda não estava confiante na minha visão noturna, convidei minha irmã, Inês (Zinha), para ir comigo, sentada no banco do passageiro, para me orientar sobre os veículos e semáforos.

"Zinha, vai comigo? Você se senta na frente e, se tiver qualquer problema, vai falando."

Com sua ajuda, fomos à festa e depois a um bar no bairro de Santana para continuar a noite. A partir desse dia, percebi que era possível assumir o volante à noite, apenas faltava coragem. Comecei então a dirigir à noite com meu amigo Fritão como copiloto, me dando instruções como "carro à direita", "carro à esquerda", "farol vermelho". A confirmação veio quando percebi que conseguia ver tudo o que ele falava. Foi então que eu disse: "Não precisa mais me falar, estou seguro e percebo que consigo assumir o volante durante a noite". Desde então, dirigir à noite deixou de ser um problema, e assim o fiz por muitos anos.

Quando você fica cego depois de crescido, você tem que se reeducar em tudo, começar do zero. Como quando você era criança e sua mãe penteava seu cabelo, escolhia suas roupas, escovava seus dentes; e depois, você aprende a fazer tudo isso sozinho. Ficar cego é assim: você não sabe mais se o cabelo está arrumado, se as roupas estão combinando e nem sabe se acertou colocar a pasta na escova de dentes. A pessoa que já nasce cega só precisa aprender uma vez; quem se torna cego precisa aprender duas vezes, recomeçar. Você precisa aprender a aguçar os outros sentidos. Aprender a tocar nos objetos, cheirar os alimentos. Meu ouvido é fino: se cair uma agulha no chão, eu ouço. Quando você encontrar um cego, emita um som, porque ele vive do som. Você fala "oi" e ele já sabe até sua altura.

De todos os cinco sentidos, acredito que a visão seja o mais difícil para lidar com a perda. Não menosprezando os outros sentidos, que são muito importantes, mas perder a visão é um trauma enorme na vida de uma pessoa. Basta observar ao redor: indivíduos com problemas de visão, como aqueles que usam óculos de alto grau ou sofrem de fotofobia, tendem a se movimentar mais devagar, parecem distraídos e muitas vezes relutam em se dedicar a atividades em que a visão é crucial. Por exemplo, é raro ver um cego escalando uma montanha ou atravessando o Canal da Mancha. Não estou dizendo que seja impossível, mas, com apoio e boa vontade, o impossível se torna o improvável, que pode se transformar em possível. Certa vez, ouvi a frase: "A vida não é sobre esperar a tempestade passar, é sobre aprender a dançar na chuva".

Os anos foram passando e eu consegui viver a minha vida normalmente, apesar das dificuldades. Foram anos felizes e sem grandes novos problemas com a minha visão, mas eu sempre tentava melhorar. Segui todas as orientações, sugestões e conselhos que me foram dados. Comecei com a adaptação de óculos e avancei para as lentes de contato, passando por várias tentativas específicas para o meu caso, como lentes tóricas, gelatinosas e até mesmo uma lente personalizada, pintada no Rio Grande do Sul, para reduzir minha fotofobia, permitindo-me andar no sol sem óculos escuros. Essa é a lente citada no final do capítulo anterior; preciso falar mais a respeito dela, pois mudou minha vida.

Visitei a fábrica da Solótica, onde fui uma espécie de cobaia para os profissionais, a fim de adaptar uma lente única para minha condição, usando-a diariamente na busca por alcançar 80% de visão. Durante esse período, conheci o Dr. Pinheiro, especialista em lentes esclerais, um tipo de lente que substitui o globo ocular de pessoas que não o têm, conhecido como "olho de vidro". Essas lentes eram modeladas como olhos humanos, com o grau necessário para minha visão no centro, e eram pintadas para bloquear a luz solar, tornando mais fácil enxergar no dia a dia, inclusive sob o sol. É importante ressaltar que foi com essas lentes que consegui estudar, trabalhar, casar e ter filhos.

Experimentei até mesmo métodos alternativos à medicina tradicional, que podem ser considerados "pseudocientíficos". Em uma consulta médica, um paciente me apresentou um livro chamado *Autocura*, cujo autor é Meir Schneider. O livro ensina terapias para tratar órgãos doentes, incluindo uma série de exercícios para estimular a visão, os quais aprendi por conta própria e percebi melhorias. Mais tarde, soube de uma pessoa chamada Sylvia Lakeland, que mencionou em uma entrevista ter aprendido técnicas de visão com o autor na Europa e estava introduzindo esses métodos no Brasil, por volta dos anos 2000. Decidi procurar essa terapeuta pessoalmente e descobri que ela conviveu com o sr. Meir por quatro anos, passando de 30% para 60% de visão.

Ela explicou que três vezes por semana ia ao Parque do Ibirapuera ensinar pessoas a melhorarem seu campo visual, algumas com relatos de que deixaram de usar óculos. Participei de um curso de fim de semana com foco na visão, no qual realizamos diversos exercícios, incluindo sair à noite no escuro. No último dia do curso, repetimos os testes de visão e todos mostraram melhorias. Durante o curso, conheci pessoas com problemas de visão mais graves que o meu, o que me lembrou que sempre há motivos para agradecer, mesmo nos momentos difíceis.

Uma vez, me informaram sobre um médico em Campinas que desenvolveu os "óculos de abelha", uma invenção que substituía as lentes por um plástico escuro com pequenos furos. Esses óculos foram projetados para estimular a retina e melhorar a visão periférica. Decidi experimentá-los e comprei um, mesmo com minha visão subnormal. Descobri que olhar através desses furos realmente aprimora o poder de visão. Em casa, costumava usá-los para descansar os olhos enquanto assistia à televisão, e até hoje ainda os utilizo de vez em quando.

Em uma outra ocasião, visitei uma feira para pessoas com deficiência, especialmente para aqueles com deficiências visuais. Lá, aprendi diversas coisas, incluindo a existência de bengalas coloridas para sinalizar diferentes tipos de deficiência: bengala branca para pessoas totalmente cegas, bengala verde para pessoas com baixa visão e bengala branca e vermelha para indicar pessoas surdocegas. Conheci uma variedade de acessórios para deficientes visuais, como bengalas dobráveis, sensores de obstáculos e óculos especializados. Uma invenção notável que vi foi adaptada por um deficiente visual de Israel: um sistema de leitura acoplado a um par de óculos, em que uma câmera captura o texto e uma voz o lê em voz alta, semelhante à leitura de navegação GPS em veículos que temos atualmente. No entanto, o alto custo (cerca de 7 mil reais no Brasil) ainda limitava sua acessibilidade.

Na estação Vergueiro do metrô, há uma biblioteca audiovisual onde voluntários gravam livros para disponibilizá-los aos deficientes visuais. Alguns óculos de leitura automática, originários de Israel, foram doados para essa biblioteca. No entanto, em razão da alta demanda, os deficientes visuais precisam entrar em uma fila de espera para alugá-los gratuitamente, com um limite de permanência em casa de até quinze dias.

Certa vez, conheci o Dr. Alexandre, especialista em medicina ortomolecular, que explicou sobre alimentos que podem melhorar a visão, especialmente para pessoas daltônicas que têm dificuldade em distinguir cores como preto e azul-marinho. Ele recomendou, por pelo menos seis meses, o consumo de mirtilo, uma fruta cultivada em países frios como Chile e Peru, mas originária de países da América do Norte e Europa. O mirtilo poderia ser consumido de diversas formas, como suco, sorvete ou natural, pelo menos três vezes ao dia. Em meu caso, houve uma melhoria de cerca de 5% na visão. O Dr. Alexandre compartilhou casos de pacientes daltônicos que experimentaram melhorias significativas com o consumo consistente dessa fruta.

No contexto esportivo, para uma pessoa com deficiência visual ou visão subnormal, tudo é viável. Posso me considerar um exemplo disso, pois sempre fui aficionado por esportes, mesmo antes do acidente que comprometeu minha visão. Após o acidente, continuei no mundo esportivo, me adaptando às dificuldades visuais. Por exemplo, ao jogar futebol, precisava estar extremamente atento às laterais por causa da minha monovisão. No vôlei, enfrentava dificuldades ao olhar para o Sol ou em quadras com holofotes, pois a bola vinha de cima. Nas partidas na praia, me posicionava de costas para o Sol, pois olhar diretamente para ele era quase impossível pela minha fotofobia.

Em 1998, incentivado pelo meu amigo Osni, que por um ano me chamou para participar de treinos de corrida, percebi que, mesmo com minha falta de preparo físico e visão limitada, nada é impossível quando se tem vontade e motivação. Assim, participei de oito maratonas de São Silvestre e inúmeras corridas de rua. A parte mais difícil da corrida é principalmente a largada, quando a aglomeração de corredores em busca da liderança cria um ambiente caótico. Após o primeiro quilômetro, a corrida fica mais tranquila e os atletas com deficiência podem buscar seu melhor tempo e performance.

Durante essas corridas, encontrei muitos atletas cegos correndo com seus guias, o que me motivou ainda mais. O esporte une as pessoas, e todos estão dispostos a ajudar qualquer atleta com deficiência. Participo até hoje de uma equipe de corrida chamada Rumo Certo, cujo ponto de encontro era no Parque do Trote, na Vila Guilherme. Lá, conheci diversos deficientes visuais que, com meu apoio, iniciaram no esporte e continuam se divertindo até hoje, superando suas deficiências.

As Paralimpíadas são um exemplo claro desse sucesso, por ser um evento em que vemos que os atletas brasileiros com deficiência conquistam mais medalhas do que os sem deficiência. Não sei se esse alto desempenho acontece para os atletas provarem algo para os outros ou para si mesmos, mas assistir às Paralimpíadas é testemunhar a incrível capacidade de superação dos atletas com deficiência física.

Ao longo desses anos, minha jornada pode ser comparada a uma tempestade desencadeada pelo acidente, seguida por uma forte e persistente chuva de adaptação, na qual tive que aprender a lidar com as limitações impostas pela minha condição visual. No entanto, mesmo enfrentando essas adversidades, sempre busquei me superar e continuar avançando. Depois veio uma fase de garoa suave, na qual as dificuldades foram menos intensas, mas ainda presentes, e foi necessário manter a perseverança e a determinação para seguir em frente. É importante ressaltar que, apesar de todas as dificuldades e desafios enfrentados, sempre busquei encontrar o lado positivo em cada situação. Cada obstáculo superado foi uma oportunidade de crescimento e aprendizado, e cada conquista alcançada foi motivo de gratidão e celebração.

No entanto, o pior ainda estava por vir. Em meados de 2006, surgiu um novo obstáculo em minha jornada: minha córnea começou a dar defeito.

O TRANSPLANTE
DE CÓRNEA

Minha visão começou a embaçar, como se eu estivesse olhando através de uma nuvem. "Suas células endoteliais estão sobrecarregadas devido ao tempo de uso e às cirurgias. Elas não conseguem mais realizar completamente sua função de drenar o líquido da córnea, resultando em visão embaçada", foi o que me explicou o Dr. Walton Nosé, especialista em córnea. Após uma série de exames, ele diagnosticou que o tecido corneano estava em falência e recomendou um transplante de córnea.

Para realizar o transplante, a pressão ocular precisa estar abaixo de 10 graus. No entanto, minha pressão, que vinha sendo tratada pelo Dr. Paulo Augusto com colírios específicos, estava em torno de 16 graus, o que tornaria o transplante inviável, pois o olho não suportaria a pressão e os pontos poderiam romper. Eu cheguei a usar quatro colírios diferentes para tentar baixar a pressão.

"Ivo, é muito arriscado, eu vou ter que abrir o seu olho. É como mexer num ovo mole. Imagina um ovo mole. Eu vou tirar a tampinha e colocar outra tampinha. Se a pressão aumentar, não vai encaixar, não vou conseguir trabalhar. Então a pressão tem que estar baixíssima para eu fazer a cirurgia", disse o doutor.

Em 7 de agosto de 2007, submeti-me à minha terceira cirurgia no olho, dessa vez com o Dr. Ricardo Porto, oftalmologista do Centro de Olhos de Sorocaba. Após 29 anos, eu tive que fazer um novo procedimento cirúrgico no olho. A cirurgia, conhecida como esclerectomia profunda, consistiu na criação de uma pequena perfuração no globo ocular para permitir a saída do líquido interno, conhecido como humor vítreo, caso a pressão aumentasse. Essa perfuração é chamada informalmente de "ralo ocular". Após a cirurgia, a pressão ocular diminuiu para 8 graus, o que tornou possível a realização do transplante de córnea.

Para realizar o transplante, tive que esperar na fila do Sistema Nacional de Transplante pelo doador da córnea. Isso levou cerca de seis meses em razão de uma crise em São Paulo com os captadores de córnea. Embora houvesse doadores, a falta de equipe para realizar as extrações causou a demora. Para explicar o processo, quando você é cadastrado na fila de transplantes, recebe um número e acompanha online a progressão até o dia em que o órgão estará disponível para você. Lembro-me de que, quando entrei na fila, meu número era o 126, e todos os dias observava ansiosamente enquanto minha posição diminuía devagar. Quando você chega aos cinco primeiros da lista, pode ser chamado imediatamente. Enquanto isso, nos bastidores do banco de olhos, muita coisa tem que dar certo.

Assim que os médicos captadores de córnea são informados de que há um doador, eles têm um prazo de seis horas para retirar a córnea do falecido, que deve estar em um ambiente adequado, refrigerado. A seguir, ela é levada a um laboratório, onde são realizados diversos exames para se certificar de que a córnea não está contaminada e que não há nenhuma doença grave naquele órgão. Uma vez que todos os exames tenham sido aprovados, a córnea é enviada para o médico que a requisitou, que a coloca em uma substância de conservação. Então, o médico entra em contato com o paciente a fim de saber se ele está bem de saúde. No entanto, se houver qualquer problema, como uma gripe, infecção ou febre, ele passa a vez para o próximo da fila. Quando a cirurgia é marcada, em cerca de doze horas você está no centro cirúrgico para o procedimento.

Naquele momento de espera, me senti novamente como aquele garoto de dezoito anos que tinha acabado de sofrer o acidente. Quase todos os sentimentos de 1978 voltaram em 2007. Angústia, ansiedade, desilusão, aflição, exaltação, agonia. Por vezes cheguei a pensar que iria ficar cego de vez, mas, assim como quando era garoto, não deixei esses sentimentos acabarem comigo. Eu também sentia esperança e disposição para lutar. Sempre fui positivo e paciente; os sentimentos ruins vinham somente nas horas que eu deixava os pensamentos intrusivos me atingirem.

Segundo a Secretaria de Saúde do Distrito Federal, "o transplante de córnea é um procedimento cirúrgico que permite a substituição total ou parcial da parede anterior do olho em casos de doenças que afetam a córnea e podem levar à cegueira". Ele é considerado a última opção quando todos os outros métodos de reabilitação da visão se mostraram ineficazes. Por ser um procedimento de alta complexidade, o transplante de córnea apresenta riscos significativos de complicações. A córnea é o tecido transparente que forma a parte anterior do globo ocular, semelhante a uma lente de contato.

Durante o transplante, que pode ser penetrante ou lamelar, utiliza-se um instrumento cirúrgico especial, chamado trépano, para remover essa parte anterior e substituí-la pelo tecido doador. E mesmo dando tudo certo até o final da cirurgia, ainda é preciso observar como o organismo se adapta àquele corpo estranho. Às vezes, o sistema imunológico do paciente pode rejeitá-lo. Portanto, trata-se de um processo de muitas expectativas, apreensão diante de tantas variáveis incontroláveis e confiança.

Finalmente, em 15 de dezembro de 2007, meus dias de expectativa e angústia acabaram. O transplante penetrante de córnea foi realizado com sucesso pelo Dr. Walton Nosé, após uma série de exames. O transplante melhorou significativamente minha visão, a ponto de não ter mais dificuldade em dirigir à noite e realizar minhas atividades diárias com perfeição. Antes do transplante, minha visão era como dirigir na serra com neblina: você dirige com aquela nuvem na sua frente. Eu ia comer uma pizza e tinha uma nuvem na frente, eu via as pessoas chegando e tinha uma nuvem na frente. O transplante removeu essa nuvem. Para ilustrar, foi como substituir um para-brisa sujo de um carro por um limpo, como novo. Foi um dos maiores alívios que já senti, uma coisa linda que recebi na época. Pensei: *Deus do céu, obrigado por tudo!* No entanto, após meses de uso, até mesmo um carro novo fica sujo. E foi o que aconteceu com minha visão.

Com o passar dos dias e meses, a pressão ocular começou a aumentar novamente, colocando em risco o sucesso do transplante. Segundo os médicos, havia o risco de rompimento e a possibilidade de perder todo o progresso alcançado, o que poderia resultar na perda completa da visão ou mesmo em um retrocesso total.

Após várias consultas, decidimos realizar uma revisão da cirurgia de esclerectomia profunda com o Dr. Ricardo. Descobrimos que, geneticamente, meu corpo havia cicatrizado o local do primeiro furo no globo ocular, tornando-o ineficaz.

Em 5 de maio de 2008, entrei pela quinta vez no centro cirúrgico para a quinta intervenção no olho esquerdo.

O Dr. Ricardo realizou um novo furo no mesmo ponto, para evitar danos excessivos ao globo ocular, garantindo que a pressão permanecesse baixa, em torno de 8 graus. Inicialmente, a cirurgia deu certo, porém, um mês depois, comecei a sentir que algo estava errado.

SEM EXPLICAÇÃO

Nenhum médico conseguiu determinar exatamente como ocorreu, mas acabei contraindo uma infecção bacteriana na córnea. Alguns sugeriram que foi por eu ter tocado no olho com as mãos sujas, outros dizem que ocorreu durante o sono ou enquanto estava trabalhando. Segundo o Dr. Walton, a bactéria responsável era altamente agressiva, destruindo célula por célula da córnea. A córnea doada pertencia a alguém com uma imunidade diferente da minha, o que tornou meu organismo mais suscetível à infecção. Se a bactéria não fosse eliminada, minha córnea seria destruída, tornando impossível um novo transplante.

Quando o médico me examinou, ficou visivelmente nervoso, e até minha esposa, que estava presente, percebeu sua agitação. "Ivo, não pode ser, não pode ser!", disse o doutor.

Ele optou por um tratamento intensivo, utilizando um bisturi aquecido para cauterizar o tecido afetado. Com o uso de um anestésico, só senti um calor no olho durante o procedimento. Passei três dias aplicando um colírio bactericida a cada hora, num esforço para erradicar a infecção. Esse colírio foi um dos mais desconfortáveis que já usei, causando ardência intensa e interferindo até mesmo no meu sono, pois o alarme estava programado para me lembrar de aplicá-lo a cada hora. Essa fase foi uma das mais difíceis que enfrentei.

"Você tem que colocar esse colírio como se fosse um mata-bicho, inseticida, de hora em hora."

Nunca experimentei um colírio tão doloroso como aquele. Meu olho ardeu incessantemente por três dias e, sempre que parecia que a sensação estava diminuindo, precisava pingá-lo outra vez. Felizmente a bactéria foi eliminada, mas o tecido da córnea cicatrizou, deixando uma marca que afetava minha visão lateral. Era como uma mancha branca, parecida com um mapa da América do Sul, localizada no lado direito da córnea. Essa marca prejudicava minha capacidade de enxergar claramente pelo canto do olho.

"Ivo, a mancha que ficou no canto da córnea parece o mapa da América do Sul. Como você vai enxergar com essa célula morta ali?"

Após a avaliação de uma junta médica, a conclusão foi a necessidade de um novo transplante penetrante de córnea. De novo, esperei pacientemente na fila de doação, porém, dessa vez, o processo foi mais rápido porque houve melhorias no sistema do SUS na época. Os sentimentos de apreensão voltaram mais uma vez, mas eu sempre me mantinha positivo. Mantive cuidados especiais com minha saúde física, pois, se fosse chamado enquanto estivesse doente, perderia a vez. Aguardei com atenção para garantir que estaria pronto quando fosse convocado para enfrentar a sexta cirurgia no olho esquerdo.

Quando a córnea foi disponibilizada, a cirurgia foi marcada no mesmo centro oftalmológico do Dr. Walton para o dia 18 de novembro de 2008. O procedimento transcorreu sem problemas, substituindo a córnea cicatrizada por uma nova, sem complicações de adaptação ou pós-operatório. Os médicos elogiaram minha genética, destacando sua capacidade de resistência à incisão e excelência na cicatrização.

No entanto, a pressão ocular voltou a aumentar, indicando que a cirurgia para criar um "ralo" no globo ocular não teve sucesso. Diante disso, consultei novamente o especialista em glaucoma, Dr. Paulo Augusto, e concluímos que a implantação de uma válvula seria necessária. As tentativas anteriores de realizar uma esclerectomia foram infrutíferas, pois, em duas ocasiões, meu corpo reagiu bloqueando o pequeno furo realizado.

A infecção súbita na córnea, que possivelmente ocorreu por uma razão simples, desencadeou uma série de complicações no meu olho. Nunca mais pude enxergar com tanta clareza como depois daquele primeiro transplante. Seria maravilhoso se aquela infecção nunca tivesse ocorrido.

A SAGA DA PRESSÃO NOS OLHOS

A pressão ocular é uma condição silenciosa que gradualmente danifica os nervos ópticos, responsáveis por transmitir imagens ao cérebro. Cada vez que a pressão aumenta acima do normal, um desses nervos é comprometido, resultando na perda gradual da visão periférica e deixando apenas a visão central. Isso pode dificultar significativamente a vida diária. Conheci muitas pessoas que sofriam com esse problema, experimentando flutuações na pressão ao longo do dia. Às vezes, elas podiam enxergar em alguns momentos, mas em outros não. É essencial monitorar regularmente a pressão ocular, especialmente durante exames oftalmológicos, pois o glaucoma é a principal causa de cegueira no Brasil. Muitas vezes, a perda de visão periférica é percebida somente quando já se perdeu uma parte significativa dela.

Em 4 de fevereiro de 2009, agendei a cirurgia com o Dr. Paulo Augusto no Hospital Santa Cruz, a sétima. O procedimento consistiu em um implante valvular (tubo) no olho esquerdo.

"Tem gente que fica com esse furinho no olho a vida toda, mas o seu já cicatrizou duas vezes, não vou fazer um terceiro furo. Vamos ter que colocar um tubo", disse o doutor.

Após a cirurgia, retornei para casa com a visão completamente comprometida, esperando o acompanhamento no consultório no dia seguinte. Após algum tempo, o olho apresentou inflamação e precisei usar colírios específicos para controlar. A pressão ocular foi reduzida para 8 graus e a visão, na época, estava em torno de 50%. Embora estivesse progredindo bem, as várias cirurgias acabaram afetando a córnea. Isso me levou a uma nova intervenção (a oitava), em 10 de novembro de 2009, realizada pelo Dr. Walton, que consistiu na aplicação do medicamento Lucentis na córnea.

Essa intervenção, menos invasiva e de menor risco cirúrgico, foi necessária para reduzir a vascularização próxima à córnea. Isso foi crucial para preparar o olho para um possível transplante, evitando o vazamento de sangue para o interior do olho, o que poderia comprometer ainda mais a visão, especialmente durante a noite.

Tudo transcorreu conforme planejado e, em 10 de dezembro de 2009, fui submetido a outro transplante de córnea, marcando assim a nona cirurgia no olho esquerdo. A córnea havia perdido sua transparência, levando à necessidade de substituí-la integralmente. Naquela época, não havia lista de espera para transplantes e havia até um excesso de córneas disponíveis no Sistema Nacional de Transplante para aqueles que precisavam. Por isso, entre uma cirurgia e outra, houve um intervalo de apenas um mês.

Durante o final dos anos 2000, quando enfrentei uma série de complicações visuais, busquei por diferentes tratamentos e apoio de outras pessoas. Uma vez, participei de um seminário para indivíduos com deficiência visual e lá encontrei pessoas com situações mais desafiadoras que a minha. Havia até um padre vindo de Portugal, hospedado no mesmo quarto que eu, também com problemas de visão. No seminário, realizamos diversos testes, começando cedo pela manhã. Na sexta-feira, por exemplo, foi feito um teste de acuidade visual com um quadro comum de oftalmologistas, onde cada um marcou o quanto conseguia enxergar. No domingo, repetimos o teste e todos, sem exceção, apresentaram uma melhora na visão. Além desses testes, houve atividades noturnas, como caminhadas pelo grande espaço arborizado do seminário, um local propício para meditação e práticas holísticas. Inicialmente, eu não queria sair durante a noite, mas fui convencido.

"Não vou sair à noite, não trouxe lanterna."

"Ivo, segura no meu ombro e você vai ver", disse uma das participantes.

Enquanto caminhávamos na escuridão, ela nos conduzia em exercícios, como o *Palming*, que envolvia tapar os olhos e piscar repetidamente. O ato de piscar, segundo ela, é um excelente remédio. Gradualmente, comecei a enxergar na escuridão, beneficiado pela luz da Lua. Compartilhando sua empolgação, ela nos mostrou uma folha de papel com a letra "E" em tamanho grande, que eu consegui enxergar mesmo à noite, algo que jamais imaginei ser possível. Mais tarde, ela pegou uma folha menor, com um "E" ainda menor, e, para minha surpresa, consegui discernir até mesmo um ponto. Essa experiência foi reveladora e me mostrou o poder da perseverança e dos exercícios visuais.

Ainda que os procedimentos tenham sido bem-sucedidos, um novo problema surgiu: a pressão ocular continuou aumentando, preocupando os médicos. É comum que um olho submetido a várias intervenções apresente pressão elevada, o que pode comprometer ainda mais a visão, dado o risco de danos irreversíveis ao nervo óptico. Apesar de três cirurgias anteriores para controlar a pressão, ela persistia alta, atingindo alarmantes 33 graus em certo ponto. Isso representava uma ameaça ao transplante, ao nervo óptico e, se não controlada, poderia resultar em cegueira total em apenas três meses. Diante dessa situação, ficou claro que os métodos anteriores para drenagem não estavam funcionando. Era necessário adotar uma abordagem mais direta: bloquear as células responsáveis pela produção do líquido intraocular, a fim de normalizar a pressão. Em outras palavras, os ralos não adiantaram; era preciso fechar as torneiras. Assim, combinando a drenagem com o bloqueio dessa produção, esperava-se alcançar resultados mais satisfatórios.

Por mais que tudo pareça estar indo bem, a Lei de Murphy sempre se faz presente, trazendo consigo o potencial para piorar ainda mais as coisas. Fui informado de que o aparelho necessário para a próxima cirurgia só estava disponível em uma única clínica no Brasil, a do Dr. Francisco Lima, em Goiânia, Goiás.

"Ivo, só tem um aparelho no Brasil, que está lá em Goiânia. Dr. Francisco Lima comprou, pagou 400 mil dólares no aparelho importado e ele é o único no Brasil que faz isso."

Conversei repetidamente com os Drs. Paulo Augusto e Francisco para entender como seria o procedimento, a cirurgia em si, os detalhes técnicos e como isso afetaria minha vida pessoal e profissional. Foi então que fui alertado de que uma pressão ocular de 33 graus representava uma situação de urgência, e que a cirurgia deveria ser realizada o mais rápido possível. Agendei o procedimento para 29 de março de 2010, no centro cirúrgico em Goiânia. A cirurgia, chamada de endociclofotocoagulação, visava bloquear a produção de humor vítreo, responsável pela pressão elevada. A décima cirurgia no olho. Minha visão estava muito prejudicada. Reservei uma pousada para domingo, com a cirurgia marcada para segunda-feira e o acompanhamento pós-operatório para terça-feira. Depois, embarcamos para São Paulo na quarta-feira. Durante essa jornada, meu filho mais velho, Lucas, foi meu apoio, me auxiliando na navegação pela cidade, na clínica e nos aeroportos.

Para ilustrar a situação, o nervo óptico pode ser comparado a uma corda colada numa bolinha. Quando a pressão aumenta, a periferia dessa corda começa a se soltar, resultando na perda da visão periférica. Enquanto uma pessoa com um nervo óptico saudável pode enxergar em torno de 180 graus, aquele cujo nervo está se descolando perde essa capacidade. É como se estivesse usando uma viseira de cavalo: enxerga à frente, mas não percebe o que está ao lado.

Essa cirurgia foi muito marcante por causa da aflição e do mal-estar que ela me causou. Obviamente eu não sentia dor, devido ao anestésico, mas conseguia ver a agulha entrando e saindo do meu olho. A agulha entrava e saía, entrava e saía.

Após essa décima cirurgia no olho esquerdo, continuei o tratamento com o Dr. Paulo em São Paulo. Graças à colaboração desses dois médicos e ao acompanhamento constante, minha visão e pressão ocular retornaram ao normal. No entanto, mantive o uso regular de colírios para controlar a pressão e anti-inflamatórios para prevenir o surgimento de qualquer nova infecção ocular. Como já mencionei, até hoje discutimos sobre a origem da bactéria que infectou minha córnea, e nenhum médico foi capaz de identificar sua fonte. Algumas teorias sugerem contato com sujeira cotidiana, enquanto outras mencionam possíveis exposições em restaurantes ou cumprimentos de mão com pessoas contaminadas.

Todos esses desafios ocorreram ao longo de três anos, período marcado por uma série de complicações e procedimentos médicos delicados. Após essa intensa fase, seguiu-se um período de aproximadamente quatro anos sem complicações graves, proporcionando um intervalo de relativa tranquilidade em minha jornada de saúde ocular. Entretanto, no início de 2014, a córnea voltou a ficar opaca.

"VOCÊ TEM FORÇAS PARA MAIS UM TRANSPLANTE?"

As células endoteliais que foram transplantadas começaram a diminuir e se desgastar ao longo do tempo, perdendo sua funcionalidade. Isso resultou na recorrência dos mesmos sintomas e diagnóstico de 2007, indicando falência do tecido corneano.

Diante dessa situação, tivemos duas opções: substituir apenas o endotélio, a parte posterior da córnea, ou realizar um novo transplante completo e penetrante da córnea. No transplante completo, em que toda a córnea é substituída, o paciente recebe dezesseis pontos no olho, enquanto no transplante apenas do endotélio são necessários quatro pontos, dois em cada lado da córnea, como se fossem dois pontos no leste e dois no oeste. Para ilustrar, a córnea é composta por cinco camadas muito finas, sendo a camada mais externa aquela em contato com o ar, que age como uma proteção, e a camada mais interna, o endotélio, que fica em contato com o líquido ocular. Esta camada é crucial para manter a córnea livre de acúmulo de líquido, garantindo uma visão nítida. Quando essa função é comprometida, a córnea fica opaca, semelhante a tentar enxergar através de um vidro espesso.

Uma córnea normal deve ter no máximo 0,004 mm de espessura. De acordo com os exames da época, a minha córnea, por sua vez, media 0,0095 mm, o que era consideravelmente espesso para garantir uma visão clara. Era como tentar enxergar através de um vidro jateado, ou olhar para um espelho embaçado após o banho – você consegue ver, mas há uma névoa à sua frente. Optamos pelo transplante do endotélio.

O endotélio desempenha um papel crucial na hidratação e manutenção da transparência da córnea. Essas células endoteliais não têm capacidade de regeneração e sua perda ocorre em ritmo variado conforme a idade e as condições individuais. Doenças oculares, como infecções, glaucoma e inflamações, assim como o uso de lentes de contato, cirurgias oculares e traumas, podem acelerar essa perda celular. Elas são responsáveis pelo metabolismo que mantém a córnea naturalmente desidratada e transparente. O transplante de endotélio oferece a vantagem de corrigir apenas a área afetada, preservando o restante da córnea saudável. Nesse procedimento, apenas a camada endotelial comprometida é substituída por tecido doador saudável, evitando cortes na superfície e minimizando o número de pontos. Quando indicada, essa técnica proporciona uma recuperação visual e refrativa mais rápida e eficaz em comparação ao transplante de córnea convencional.

No dia 25 de fevereiro de 2014, passei pela cirurgia de transplante de endotélio com o Dr. Walton, marcando a décima primeira vez que eu enfrentava uma cirurgia no olho. Mesmo assim, mantive minha coragem e fé inabaláveis, buscando sempre a melhor visão possível para o meu dia a dia.

Cinco anos se passaram, tudo estava sob controle e eu mantinha a mesma determinação de sempre, lembrando-me da frase: "No tempo que você leva para reclamar, procure algum motivo para agradecer". No entanto, a córnea começou a engrossar novamente, indicando que o endotélio não desempenhava mais sua função de forma adequada. Nessa fase, eu já estava bastante familiarizado com a situação. Estudei bastante sobre a córnea, compreendendo sua durabilidade e os possíveis problemas que poderiam surgir ao longo do tempo. Em casos como o meu, com um olho que passou por diversas cirurgias e sem o cristalino, perdido após o acidente, a pressão do humor vítreo sobre a córnea é considerável. Portanto, as células precisam trabalhar de maneira excepcional para garantir que o órgão permaneça límpido e transparente.

Após os exames, o Dr. Walton optou por uma cirurgia menos invasiva em 6 de abril de 2019, chamada ceratectomia fototerapêutica e raspagem na córnea (*Phototherapeutic keratectomy*, PTK), em decorrência da cristalização na parte externa da córnea. Essa raspagem visava reduzir a espessura da córnea e permitir que cicatrizasse ao longo do tempo. A intervenção foi oportuna, pois melhorou significativamente a visão. O uso de colírios específicos, como o NaCl (solução salina), ajudou a desinchar a córnea.

Após cerca de um mês, a córnea ficou opaca outra vez. O Dr. Walton continuamente me questionava:

"Tem forças para encarar mais um transplante?"

"Podem me ver cansado, mas nunca derrotado. Estou preparado para o que vier, e confio plenamente na equipe médica que me acompanha", respondi sem hesitar.

Em 27 de maio de 2019, foi realizado um novo transplante penetrante, marcando minha décima terceira cirurgia e o quinto transplante de córnea realizado pelo Dr. Walton.

No entanto, após o transplante, o Dr. Walton, sendo muito detalhista, percebeu que um dos 16 pontos estava fora de lugar, causando uma pequena dobra na córnea que, se não corrigida, resultaria em um defeito na visão impossível de ser corrigido com óculos. Decidimos, então, agendar outra cirurgia em 6 de junho de 2019, a décima quarta, para corrigir esse pequeno defeito na córnea, adicionando apenas um ponto no espaço entre os pontos existentes e garantindo que a córnea ficasse uniformemente "esticada".

Após essa rápida cirurgia, de apenas quinze minutos, a cicatrização ocorreu de forma excelente, seguindo os tratamentos habituais, incluindo colírios e consultas regulares. Os resultados dessa cirurgia foram tão positivos que perduraram por mais de quatro anos. Durante esse período, mantive minha rotina de consultas periódicas, pois três aspectos são essenciais para a saúde visual de qualquer pessoa, especialmente no meu caso: a retina, o nervo óptico, o glaucoma e, é claro, a tão famosa córnea. Em 2023, um velho conhecido desafio me aguardava.

O ÚLTIMO TRANSPLANTE E A RECUPERAÇÃO

A vida seguiu seu curso até meados de 2023, quando a córnea começou a falhar novamente. Minha visão ficou turva e embaçada. Após tentarmos diversos tratamentos para evitar outro transplante, sem sucesso, conheci a professora Dra. Ana Luiza, especialista na área. Ela me recomendou um procedimento usado para tratar ceratocone, uma condição na córnea que envolve a remoção de uma microcamada com um produto e um laser, semelhante a retirar uma fina fatia da parte externa da córnea, chamado *cross-link*. Após vários exames, ficamos esperançosos com esse tratamento, que pode adiar qualquer cirurgia por até três anos, incluindo um sexto transplante que eu precisaria. No entanto, ao revisar os exames, percebemos que a espessura da córnea estava acima de 0,008 mm, e o tratamento removeria apenas 0,001 mm. Isso significava que a melhora na visão seria mínima e temporária.

Persistindo na busca por melhorias, voltei ao meu médico de confiança, Dr. Walton, e concluímos que o único caminho seria o sexto transplante de córnea, sendo esta minha décima quinta cirurgia. O procedimento foi marcado para o dia 7 de dezembro de 2023, com o Dr. Ricardo, filho do Dr. Walton, realizando o transplante total da córnea, com assistência da Dra. Junia e supervisão do Dr. Walton.

Essa foi, sem dúvida, a pior cirurgia que já enfrentei. Antes do transplante, foi necessário remover os pontos colocados em 2019, uma experiência bastante dolorosa. Cada ponto foi meticulosamente retirado, uma sensação intensa que me fez quase pedir para interromper o procedimento. Com 1,90 m de altura, eu estava na maca, com os pés pressionando a parede para suportar a dor. Apesar disso, a cirurgia ocorreu sem problemas, seguindo todo o protocolo de uso de colírios e um período de trinta dias para suspender seu uso gradualmente.

Hoje, estou feliz com minha visão, alcançando até 60% de acuidade, e fui liberado para retomar minhas atividades físicas, trabalho e rotina normal. Para mim, cada pequena melhora é significativa, especialmente considerando minha condição. Enquanto quem tem uma visão perfeita pode não perceber uma melhora de 1%, para mim faz toda a diferença. Apesar das dificuldades contínuas, como a fotofobia pela perda da íris no acidente, estou determinado a seguir em frente, usando óculos escuros e um boné para proteger meus olhos do Sol. Até voltei a correr! Mantenho minha esperança e motivação para continuar melhorando, sempre lembrando das palavras sábias de minha mãe: "Filho, você é como um bambu verde: enverga, mas não quebra".

Após cada um dos meus transplantes, sempre busquei encontrar a família dos doadores. Apesar de minhas tentativas de investigação, nunca consegui descobrir suas identidades, e compreendo que talvez nem haja permissão para que sejam reveladas. Se um dia eu os encontrasse, gostaria de expressar minha profunda gratidão e oferecer qualquer forma de ajuda possível, seja um emprego, seja palavras de conforto. Essas pessoas, ao se inscreverem como doadoras no Banco de Olhos, e seus familiares, ao aprovarem a realização do transplante, realizaram um gesto incrivelmente generoso. Cada doador tem o potencial de ajudar duas pessoas com deficiência visual, um ato verdadeiramente nobre e compassivo.

Durante os períodos em que minha visão ficou reduzida em 2%, tanto antes quanto após as cirurgias, acumularam-se dois anos e meio. No entanto, isso não me desanimou. Sempre mantive em mente a frase "em vez de reclamar, ache um motivo para agradecer". Com essa determinação e resiliência, enfrentei os desafios, lembrando-me de que, mesmo diante de contratempos, é possível superar todas as barreiras, de forma gradual ou não. Além disso, descobri que manter o bom humor pode influenciar positivamente a forma como enxergamos o mundo, nos permitindo até mesmo desfrutar das adversidades como se estivéssemos dirigindo na contramão, tirando proveito das pancadas da vida.

É como diz o ditado: "se me derem limões, farei uma limonada". Sou do tipo que transforma coisas ruins em experiências positivas. Evito ao máximo absorver energias negativas, buscando manter uma higiene mental saudável. Acredito que nossa saúde mental é de extrema importância, por isso tento evitar notícias ruins e tragédias, embora esteja ciente delas. Em vez de me deixar afetar, deixo essas informações passarem por mim, focando minha atenção em coisas construtivas. Atualmente, por minha condição pós-cirúrgica, não consigo ler, mas estou ouvindo a Bíblia narrada no celular e fazendo um curso de Teologia. Sempre tive uma inclinação para os estudos: já cursei história e geografia à noite, conciliando com meu trabalho, mas, como não tinha muito tempo, concluí somente 50%.

Apesar de ser uma jornada desafiadora, a deficiência visual transformou significativamente minha percepção do mundo. Essa experiência me preparou para enfrentar qualquer obstáculo, me aproximou de pessoas incríveis e cultivou em mim uma empatia profunda. Como bem colocado na epígrafe de *Ensaio sobre a cegueira*, de José Saramago, "Se podes olhar, vê. Se podes ver, repara". Mais do que apenas olhar, é essencial notar e compreender o outro. Outra citação marcante do mesmo livro é: "Dentro de nós há uma coisa que não tem nome, essa coisa é o que somos".

O termo "cegueira", quando empregado metaforicamente, descreve aqueles que não conseguem perceber o óbvio ao seu redor. Como expresso em *Os miseráveis*, de Victor Hugo,

> sabemos que há uma filosofia que nega o infinito. Também há uma filosofia, patologicamente classificada, que nega o sol; tal filosofia chama-se cegueira. Erigir um sentido que nos falta como fonte de verdade é um belo arrojo de cego.

No meu caso, após perder a visão, passei a enxergar claramente o que antes me escapava.

Olhando para trás em minha jornada desde aquele fatídico dia em que perguntei ao médico se ficaria cego, percebo agora que a escuridão trouxe uma nova luz à minha vida. Não apenas aprendi a enxergar com os olhos do coração, mas também descobri uma visão interior que transcende os limites da visão física. Sim, perdi parte da minha visão, mas encontrei uma clareza que vai além das sombras. E entendi que, mesmo quando as chances são mínimas, não podemos desistir nem perder a esperança. Então, hoje, eu já sei a resposta para a pergunta que me afligiu desde o começo:

"Não, doutor, eu não vou ficar cego."

AGRADECIMENTOS

Gostaria de expressar minha profunda gratidão à minha esposa, Adriana, por seu apoio incansável desde minha primeira cirurgia, em 2007, até a última, em 2023. Agradecer não parece suficiente; se houver outras vidas, passearei por elas expressando minha gratidão.

Não posso deixar de honrar a Deus, que colocou pessoas em meu caminho que me ajudaram a chegar até aqui, com 64 anos, ainda enxergando.

Sou grato à minha família, aos muitos amigos, incluindo Dr. Paulo, Dr. Walton, Dr. Suzuki e outros, bem como aos desconhecidos que, com pequenos gestos, me auxiliaram em ônibus, metrôs, ruas, restaurantes, carros e mais.

Jamais esquecerei os amigos que me apoiaram e continuam a fazê-lo até hoje, como Osni, Avelino, Miltão, Fritão, Isabel, João Carlos, Fernando e muitos outros.

Não poderia deixar de agradecer à jornalista Daniela Folloni, pela coordenação desta obra, e a meu querido filho, Luigi D'Alessandro Pazin, que me ajudou na digitação.

Este livro é como um quinto filho para mim, e espero que possa inspirar todos os deficientes visuais, ou aqueles com qualquer tipo de deficiência, a terem coragem para arriscar, confiança e vontade de buscar um dia melhor. Se melhorarmos apenas 1% a cada dia, ao final do ano, teremos melhorado 365%.

Agradeço do fundo do meu coração.

FONTE Calluna
PAPEL Pólen Natural 80g/m²
IMPRESSÃO Meta